Der Brocken

Der belagerte Berg

Der Brocken

Der belagerte Berg

Hansjörg Hörseljau

Vorwort

Henning Noske

Wann immer ich in den letzten Jahren dort oben angekommen bin, auf dem Brockengipfel, war Hansjörg Hörseljau schon da. Wir haben uns zum Schluß einen Spaß daraus gemacht, und es hat immer geklappt. Ich stieg meistens aus der Brockenbahn, dann stemmte er sich schon dem Brockenwetter entgegen, mit der für ihn typischen Wollmütze, unabhängig hinaufgekommen mit seinem Mountain Bike. Ich hielt die wichtigsten Stationen der Brockengeschichte als Reporter für die „Braunschweiger Zeitung“ fest, er kam im Auftrag des „Spiegel“. Das machte ihn nochmal unabhängig vom hektischen Tagesgeschehen, und so sind die faszinierenden Aufnahmen für diesen Fotoband entstanden. Hansjörg Hörseljau selbst ist ja mittlerweile gewissermaßen fester Bestandteil dieses bisweilen wundersam anmutenden Ensembles dort oben. Trümmer, Schutt, Kuppeln, Moscheen, Zaune, Mauern, Turme, Erbsensuppe mit Bockwurst, Weltgeschichte und große Politik. Nichts Banales, das hier oben nicht besondere Weihen erhielte. Auf dem Brocken kannst du sogar ein Toilettenhäuschen einweihen und kommst damit in die Tagesschau . . .

Dieser Brocken ist das Wahrzeichen einer ganzen Region, einer Landschaft, in der sie im Osten in Sperrgebieten aushalten mußten, und die im Westen die dichteste Grenze der Welt als sonntägliches Ausflugsziel bot - gleich nach Kaffee und Kuchen. Am Torfhaus blinzelten wir auf unserer Seite hinüber. Ich behaupte, daß ich am Ende gar nicht mehr ernsthaft vorhatte, einmal dort hinauf zu kommen, wo die scharfe Grenze dicht an der Brockenglatze vorbeischrammte. Es war ja aussichtslos. Es war endgültig. Es war für immer. Ich hatte mich damit abgefunden. Als alle Welt sich noch verwundert die Augen rieb, weil der ganze Spuk dann doch beinahe über Nacht ein Ende hatte, da hat Hansjörg Hörseljau geistesgegenwärtig wichtige Stationen mit seiner Kamera festgehalten. Er hatte die Hoffnung nämlich nicht aufgegeben, fieberte nur dem Moment entgegen, wann er, der Fotograf im Harz, endlich den ganzen Harz in den Sucher nehmen konnte - und besonders jenen Gipfel, dem nur allzu gern die deutschesten aller deutschen Eigenschaften nachgesagt werden. Hörseljaus beinahe instinktiver Präsenz verdanken wir heute Fotos, die wertvolle Zeugnisse sind. Beispielsweise vom legendären 3. Dezember 1989, als die Menschen wie beseelt von Ilsenburg und Schierke auf östlicher Seite heraufdrängten und die Öffnung der Brockenkuppe forderten mit dem unvergessenen Spruch: „Freie Bürger, freier Brocken“. Wie mutig das damals war, was das für die Teilnehmer bedeutet haben muß, verrät ein Blick in die glücklichen Gesichter auf den Fotos. Da war er, der Mantel der Geschichte, jedenfalls ein Zipfel davon, und jeder hat es gespürt an diesem Tag.

So ist das weitergegangen, und mit bewundernswerter Konsequenz hat Hansjörg Hörseljau die Chronik der Ereignisse auf seinen Filmen festgehalten. Der Abriß der Brockenmauer, der Abzug der Russen, der Anmarsch der Wanderermassen, das Comeback der Brockenbahn - um nur einige Beispiele zu nennen. Einen belagerten Berg hat er so begleitet, ja genau, vorher und nachher. Belagert zunächst von Uniformierten mit ihren Mauern und ihrem Stacheldraht, mit ihrem Elektronikschrott und ihrem Hang zur Geheimniskrämerei. Wie es dem Fotografen dennoch gelungen ist, hinter wirklich alle Kulissen zu blicken, das ist schon eine Meisterleistung. Viele haben das versucht, aber es hat ihnen der lange Atem gefehlt, den Hörseljau hat. Ohnehin muten die Ergebnisse, die dieser Band präsentiert, unglaublich an - nimmt man zur hermetischen Abriegelung in vielen Bereichen noch das absolut fotofeindliche Wetter auf dem Brocken hinzu, eine trübe, neblige Suppe an 300 Tagen im Jahr, in die jeder Sonnenstrahl wie ein Blitz fährt. Da braucht es einen Fotografen, der Stimmung atmen kann, einen, der ein Motiv intuitiv wittert und der es technisch brillant umsetzt, auch wenn er die Wachposten schon im Genick hat, und die Kristalle des Belichtungsmessers renitent streiken. Auf dem Brocken gibt es nur einen, der das kann. Und wie Hansjörg Hörseljau hier die Ergebnisse in einem bemerkenswerten Fotoband vorlegt, das macht es zu einem Zeitdokument ersten Ranges.

Belagert auch nachher, gewiß. Die Menschenmassen, die Ansprüche, der Tourismus. Eine empfindliche, einzigartige Natur, die paradoxerweise von finsteren Grenzern perfekt abgeschirmt wurde. Da entwickelte sich in 40 totenstillen Jahren auf dem Brocken, was ansonsten nur noch in den Alpen und auf Island zu finden ist. Von seinem ganzen Naturell und von seiner Persönlichkeit her liegt Hansjörg Hörseljau diese Landschaft am Herzen, er möchte sie schützen und empfindet ihre Belagerung und Bedrohung als bedruckend. Gleichzeitig ist Agitation aber auf wohltuende Weise seine Sache nicht, verzerren und entstellen seine Fotos nicht. Da hat er ja selbst ein Problem, der er so perfekt fotografiert, unbestechlich und genau. Manchmal zeigen seine Bilder nämlich auch glückliche Wanderergesichter, wird durchaus die Ästhetik eines einzigartigen Ausflugszieles für ein ganzes Land sichtbar, das endlich wieder zusammengehören darf.
Und das ist gut so.

Zeitwende

Hansjörg Hörseljau

Seit dem historischen Mauerdurchbruch am 9. November 1989 überschlugen sich die Ereignisse. Am 10. November bin ich in Duderstadt gewesen. Zum ersten Mal nach 28 Jahren konnten Menschen aus Ostdeutschland Westdeutschland besuchen. Es war ein unglaubliches Gefühl. Jahrelang hatte man die Grenze vor Augen, die Grenzpatrouillen, die die Staatsgrenze „schützen" mußten. Für mich, der 15 Jahre nach Ende des Krieges geboren ist, war diese Grenze eine unfaßbare Realität. Immer wieder hat mich der Grenzzaun angezogen. Auge in Auge standen wir da, auf der anderen Seite die Grenzsoldaten, jung, in meinem Alter, die gleiche Sprache sprechend, keine 100 Zentimeter voneinander entfernt, und doch soweit weg - mitten im Wald. Kein Wort von der anderen Seite.
Und jetzt über Nacht war plötzlich alles anders, was bisher als unumstößlich galt. Die Grenzlinie, an der die beiden wichtigsten Ideologien direkt aufeinander trafen, wurde aufgelöst. Die Einzigartigkeit dieses Umbruches wurde mir schnell klar. Die Dimension dieser Entwicklung verstand ich erst später.

Am 25. November 1989 lernte ich Udo kennen. Das war auf der Rückfahrt von einem Umweltkongreß in Göttingen. Udo kam aus Darlingerode, der Noch-DDR. Schon lange vor der Wende gab es regen Kontakt zwischen Umweltschützern beider deutscher Staaten. Bis dahin war das nicht ungefährlich - westliche wie östliche Umweltschützer galten in der DDR als Staatsfeinde und wurden entsprechend verfolgt. Udo erzählte mir von einem geplanten Marsch zur Öffnung des Brockens.
Am 3. Dezember war es soweit. Über Eckertal/Stapelburg fuhr ich in aller Frühe in die DDR. Den Mehrfachberechtigungsschein, den ich noch benötigte, um in die DDR zu fahren, hatte ich regelmäßig beantragt, doch nur selten benutzt.
Der Grenzübertritt und der Zwangsumtausch waren inzwischen zwar reine Formsache - die Angst, die Schikanen, die man bisher an der Grenze ertragen mußte, waren indes nicht vergessen. Sie saßen zu tief in der Erinnerung.

Auf dem Weg von Stapelburg nach Ilsenburg sah ich das Ziel vor mir: Gestochen scharf und alles überragend - der Brocken. Davor lagen die Höhenzüge des Vorharzes, unterbrochen vom Morgennebel und den Schwaden der Braunkohleheizungen an diesem kalten Spätherbsttag.

Bisher konnte ich ihn immer nur ansehen, hatte die Schilderungen der Besteigungen von Heine und Goethe vor Augen und wünschte mir nichts sehnlicher, als diesen Berg einmal selbst besteigen zu dürfen. Beim Anblick geriet ich ins Träumen. Vom Brocken ging eine eigentümliche Ausstrahlung und Anziehungskraft aus. Ich malte mir aus, was ich wohl tun müßte, um dieses Ziel zu erreichen. Es waren doch sinnlose Träume. Die deutsch-deutsche Realität - die unmenschliche Grenze hinderte mich daran. Und nun sollte dieser Traum in Erfüllung gehen?

In Ilsenburg warteten schon einzelne Grüppchen auf den Abmarsch. Nach kurzer Ansprache setzten sich ungefähr 400 Menschen in Bewegung, auf Wegen, die bisher in der Sperrzone lagen und in keiner Landkarte verzeichnet waren. Immer höher und steiler. In Höhe des Renneckenberges lag knöchelhoher Schnee. Viele hatten damit nicht gerechnet - wie sollte man auch. In Ilsenburg lag nicht der Hauch einer Schneeflocke, und bis zu dieser Höhenlage hatten nur wenige Zugang.
Viele ältere Wanderer hatten Erinnerungen: Vor fast 30 Jahren waren sie zuletzt auf diesen Pfaden unterwegs.

Der Trampelpfad hatte bald ein Ende, er mündete am Brockenbett in die Brockenstraße. Ich traute meinen Augen kaum: Dort standen Soldaten der Grenztruppen, die nun Würstchen für eine Mark verkauften und damit die Marschverpflegung der Demonstranten übernommen hatten. Würstchen statt Waffen, das Ende der Grenztruppen der Deutschen Demokratischen Republik! Dabei war der Brocken eigentlich eine der letzten Bastionen, alle anderen waren bereits vom Volk eingenommen worden. Nur die Festung Brocken, wichtigster Lausch- und Verbindungsposten des Staatssicherheitsdienstes, der vorgeschobenste Horchposten des Warschauer Paktes, das Geheimste des Geheimen trotzte noch der Macht des Volkes. Dabei war die Entwicklung schon längst unumkehrbar.
Kurz nachdem wir die Reste der Schranke, den allerletzten Wachposten in der Nähe des Brockenbettes erreicht hatten, kamen uns bereits die ersten Menschen entgegen. Sie hatten aufgegeben, das Tor sei zu und es sei nichts zu machen. In Anbetracht der Menschenmassen faßten die meisten aber wieder Mut und kehrten um, wanderten nochmals zum Brockentor hinauf.

Das gesamte Brockenplateau war mit einer drei Meter hohen und fast drei Kilometer langen Mauer aus Fertigbetonteilen umgeben. Auf den ersten Blick eine unglaubliche Festung - die, wie sich später herausstellte, an vielen Stellen brüchig und wackelig war und den rauhen Witterungsverhältnissen kaum standhielt.

Vor dem Brockentor hatte sich schon eine größere Menschenmenge angesammelt und wartete. Einige Vertreter der Bürgerbewegung verhandelten mit der hier noch herrschenden Staatsmacht. Auf der Wetterwarte, die innerhalb des gesperrten Bereiches lag, wurde ein Transparent mit „Mauer weg“ hochgezogen. Die Rufe nach Öffnung des Tores wurden immer drängender. Der wachhabende Offizier war sichtlich um Haltung bemüht. Er wurde schließlich vor die Alternative - entweder das Tor wird bis 13.00 Uhr geöffnet oder das Tor ist um 13.00 Uhr offen - gestellt. Kurze Zeit später, nach nochmaligem Telefonat mit „Berlin“, wurde das Tor geöffnet. Dann gab es kein Halten mehr: Die inzwischen stark angewachsene Menschenmenge strömte gespannt in die Festung hinein, verteilte sich über das gesamte Brockenplateau und umrundete die geheimen und nochmals eingezäunten Anlagen.

Vorbei ging es am Pfefferminzpalast und am Bahnhof zum Gipfel. Eine phantastische Sicht auf viele Städte und Dörfer war die Entschädigung für den anstrengenden Aufstieg. Tanzend und singend nahmen die Menschen wieder Besitz vom Brocken.
Volksfeststimmung - ausgelassen wurden Lieder gesungen, Menschen umarmten sich.

Von den bisherigen Besatzern war kaum etwas zu sehen. Einige junge Soldaten verfolgten den Demonstrationszug aus den Fenstern des Bahnhofs, andere betätigten sich als Fremdenführer und erklärten den Wanderern die umliegenden Ortschaften und Städte. Neugierig sahen sowjetische Soldaten dem Treiben von der anderen Seite des Zaunes aus zu. Von nun an waren sie es, die beobachtet wurden, mit langbrennweitigen Teleobjektiven wurde jeder ihrer Schritte festgehalten, eine völlige Umkehr der bisherigen Situation.

Die Öffnung des Brockens verbreitete sich wie ein Lauffeuer, der Menschenstrom riß an diesem Tag nicht ab. Wandervereine aus Ost und West feierten gemeinsam die Eroberung des Gipfels.
Dieser Tag war der Beginn einer stürmischen Entwicklung. Die verschiedenen Interessengruppen streiten seitdem um den Berg.

Für mich war dieser Tag der Beginn meines bisher umfangreichsten Projektes. Immer wieder bin ich auf dem Brocken gewesen und habe versucht, die wichtigsten Entwicklungen dieses nach dem Brandenburger Tor und der Mauer in Berlin wichtigsten Symbols der deutschen Teilung festzuhalten. Oft galt es zu warten, unverrichteter Dinge wieder hinunterzufahren (mit dem Fahrrad), weil der Berg tagelang im Nebel lag.

Der Brocken hat sein eigenes Tempo, eine andere Zeitrechnung.

Von Ilsenburg zieht sich das lieblich-romantische Tal der Prinzessin Ilse zum Brocken hinauf. Dem Harzrand vorgelagert liegen die Kupferhütte, welche die Umgebung vergiftet hat, und das modernste Stahl-Walzwerk der ehemaligen DDR. Die technischen Bauten der Fernseh-, Funk- und Abhörtechnik bestimmten im Dezember 1989 das Bild des Brockenplateaus und seine Silhouette.

Am 3. Dezember 1989, die Machtstrukturen der DDR waren schon längst in Auflösung begriffen, bewegte sich eine durch Mundpropaganda mobilisierte Menge von Harzer Bürgern durch das Ilsetal bergaufwärts. Fast drei Jahrzehnte war der Brocken für die Bevölkerung des Harzes nicht mehr zugänglich.

Würstchen statt Waffen.
Die Grenztruppen reagierten auf den Ansturm flexibel. Sie fuhren eine Feldküche auf und verkauften heiße Würstchen.

Gegen Mittag staute sich der mehrere tausend Menschen umfassende Demonstrationszug vor dem Schierker Tor der Sperranlage Brocken. Der Ruf erklang: „Macht das Tor auf!“

Pik Lenin der
Sowjetarmee der
Brocken aber uns
Der Brocken ist auf
wann ist Brockenlauf

Der Wetterwart Ingo Nitschke hatte ein Transparent mit zum Dienst gebracht und begrüßte damit von der Wetterwarte herab die Demonstranten.

Ortwin Ringleb (mit Brille), einer der Initiatoren des Brockenmarsches, verhandelte mit dem aus Berlin entsandten Major Manfred Schulz.

Um 12.50 Uhr war es soweit:
Die Demonstranten strömten in den Sicherheitsbereich. Nach 28 Jahren konnte das Brockenplateau zum ersten Mal wieder frei betreten werden.

Nachdem sich die Spannung gelöst hatte, ging die Demonstration in ein Volksfest über. Tausende Menschen verliefen sich in dem weiträumigen Areal, sangen und tanzten.

Eine ganz neue Perspektive für die Menschen auf dem Brocken. Der Blick über Torfhaus nach Westen auf die Oberharzer Rumpffläche mit ihren Orten Clausthal-Zellerfeld und Altenau, sowie den am Horizont liegenden Höhenzügen zwischen Bad Gandersheim und Einbeck.

Die Zäune haben nicht nur ihre Funktion sondern auch ihren Schrecken verloren.

Astronauten sagten: Nur die chinesische Mauer und die innerdeutsche Grenze sind vom Mond aus als Bauwerke auf der Erde zu erkennen. Dieser triste Gürtel verbarg die Minenfelder und diente als Schußfeld. Allein im Landkreis Wernigerode starben mehr als zwanzig Menschen, die die Freiheit im Westen suchten und dabei erschossen oder von Minen zerfetzt wurden.

„Grenzdurchbruch" im Juni 1990 am „Dreieckigen Pfahl": Zwar ist die Visumspflicht für Westdeutsche durch die Regierung Modrow aufgehoben worden, aber nur an wenigen Grenzübergängen durften Westdeutsche unter Vorlage des Passes passieren.

Noch ist der Goetheweg verschlossen. Auf niedersächsischer Seite suchen Menschen Schlupflöcher durch den Zaun, die tagsüber von der Volkspolizei wieder verschlossen wurden, solange, bis auch dieses sinnlose Unterfangen aufgegeben wurde.

Wanderer auf der Trasse der Brockenbahn. Nachts beleuchtet, wurden die Grenzzäune mit Berührungsdrähten gegen mögliche „Grenzverletzer" gesichert. Doch das ist jetzt vorbei.

Die Brockenmauer - sozialistische Plattenbauweise, in den Jahren 1977 bis 1983 errichtet.

Das Eisenbahntor auf der Südseite des Brocken-plateaus.

Eine Sanierung wurde überflüssig. Die 3,50 m hohen Betonwinkel standen auf Rübeländer Kalkschotter, der inzwischen wieder abgefahren worden ist. Wachtürme gestatteten einen lückenlosen Einblick in das Vorfeld der Anlage. Vorherige Versuche, das Gelände mit Zäunen zu sichern, scheiterten an der grimmigen Natur des Brockens.

ABBAU DER BROCKENMAUER
vom 6.Mai 1991 – 15.September 1991
Vorsicht SCHWERLASTVERKEHR
Wanderer beachten Sie die Hinweisschilder
und folgen Sie den Aufforderungen des
Sicherungspersonals
Transporte Montag – Donnerstag
zum Brocken
07.00 - 08.15
10.15 - 11.30
13.45 - 15.00
vom Brocken
08.30 - 10.00
12.00 - 13.30
15.30 - 17.00

Beginn des Mauerabbaus am 6. Mai 1991. Genau 2274 Segmente mußten abtransportiert werden.

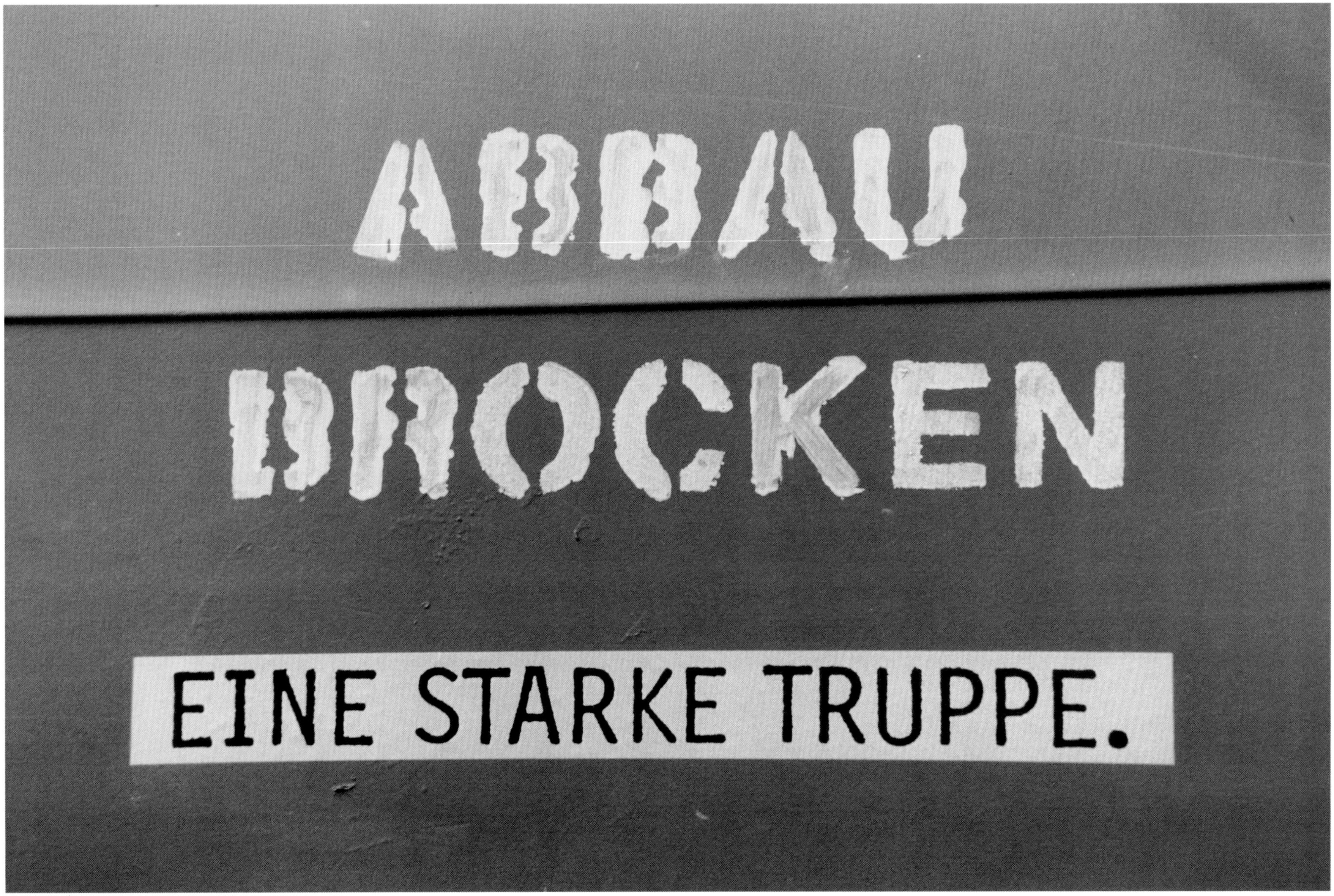
ABBAU
BROCKEN
EINE STARKE TRUPPE.

VA 96
52.59

Bernd Wüst, Chef des Abbaukommandos, kannte sich aus: Er und seine „starke Truppe“ waren auch schon beim Aufbau der Mauer dabei. Damals hießen sie „Grenztruppe Pioniere“ - den Abbau leisteten sie innerhalb der Bundeswehr.

Mauerabbau am Pfefferminzpalast: Träger des sogenannten Pfefferminz-Palastes war die SED. Er diente der Partei zur inneren Kommunikation. Über dieses Informationsnetz konnten Parteizentralen des gesamten Landes erreicht werden. Der Turm selbst war unbemannt.

Die Stahlösen zum Anheben der Segmente werden wieder freigelegt.

Abfahrt zur Zwischenlagerung nach Elbingerode. Etwa die Hälfte der Mauerelemente wurde inzwischen verkauft, der Rest lagert weiterhin in Elbingerode. Abnehmer waren hauptsächlich kleine Betriebe.

2272
2273
BROCKEN

Der linke Turm diente ausschließlich zum Empfang wichtiger Mitteilungen der im „Westen“ eingesetzten „Aufklärer“. Mitteilungen wurden von den Spionen verschlüsselt gesendet, auf dem Brocken empfangen und entschlüsselt. Die Reichweite des Empfangs betrug bei gutem Wetter zwischen 200 und 300 km. Aufklärer wurden angewiesen, möglichst Sichtkontakt zum Sender zu suchen, d. h., nicht hinter einem Berg oder einer Mauer zu senden. Im DDR-Sprachgebrauch war der Name des Turmes OTS: Operativ Technische Sicherstellung. Die „Stasi-Moschee“ (rechts) war die Zentrale der Staatssicherheit auf dem Brocken. Das zweistöckige Gebäude, von 1983 bis 1986 errichtet, verbarg unter der Kuppel Abhörantennen und auf zwei Etagen elektronische Anlagen und Fernmeldeausrüstungen.

Kommunikationstechnik in der Stasimoschee. Hier liefen alle Informationen des Staatssicherheitsdienstes, die auf dem Brocken gesammelt wurden, zusammen. Nach der Entschlüsselung und Auswertung der aufgefangenen Funksprüche wurden die Informationen über mechanische Fernschreiber und Telefonleitungen nach Berlin weitergeleitet. Die Abhörmöglichkeit durch westliche Geheimdienste wurde durch dieses Verfahren minimiert.

Reißwolf in der Stasi-Moschee.

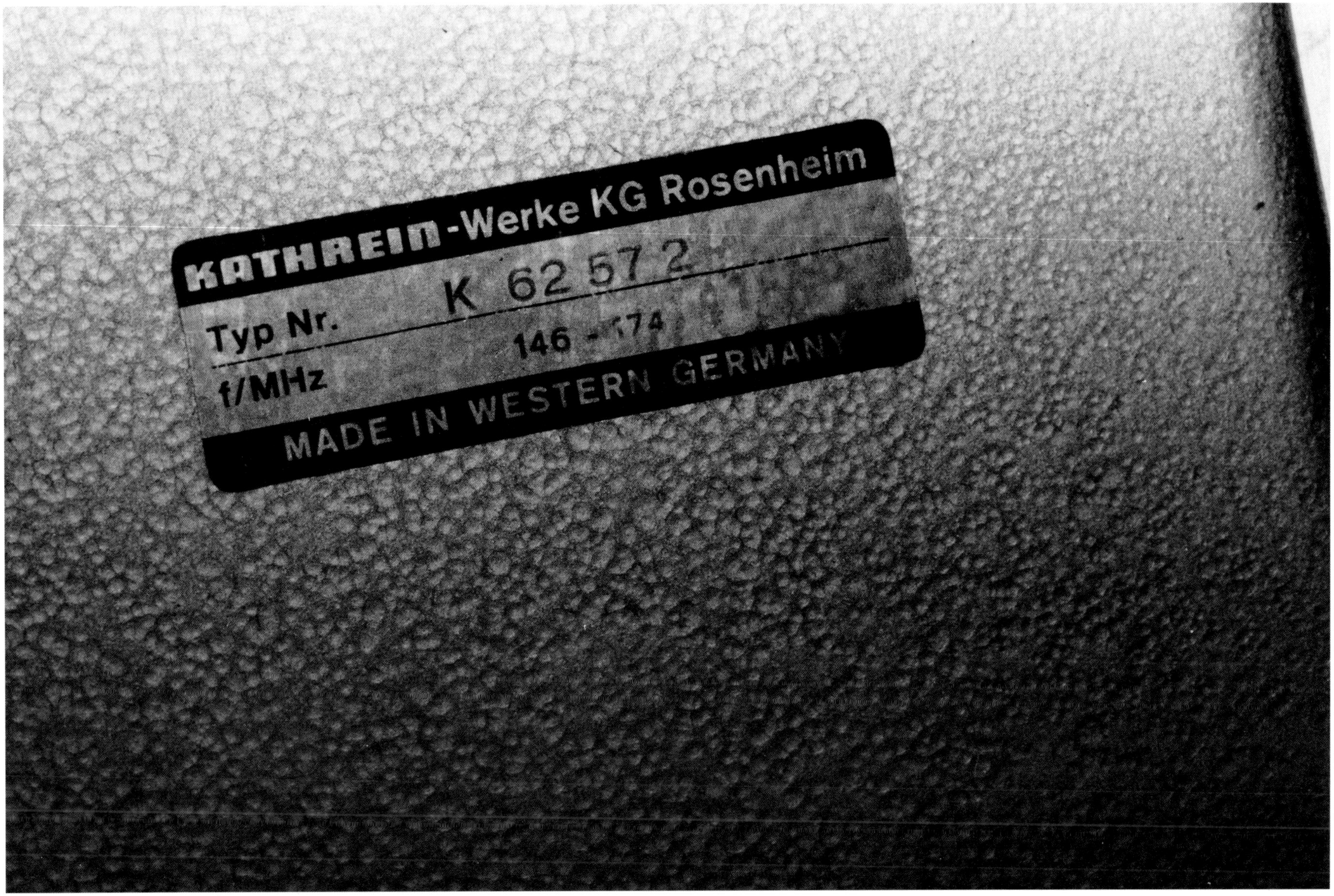

Der Staatssicherheitsdienst deckte sich mit modernster Technik beim „Klassenfeind" ein.

Heute ist die Kuppel ein Teil des Brockenmuseums. Ihre Bespannung besteht aus glasfaserverstärktem Polyester. Sie wurde von den Werkstätten der Defa-Studios in Babelsberg handgefertigt.

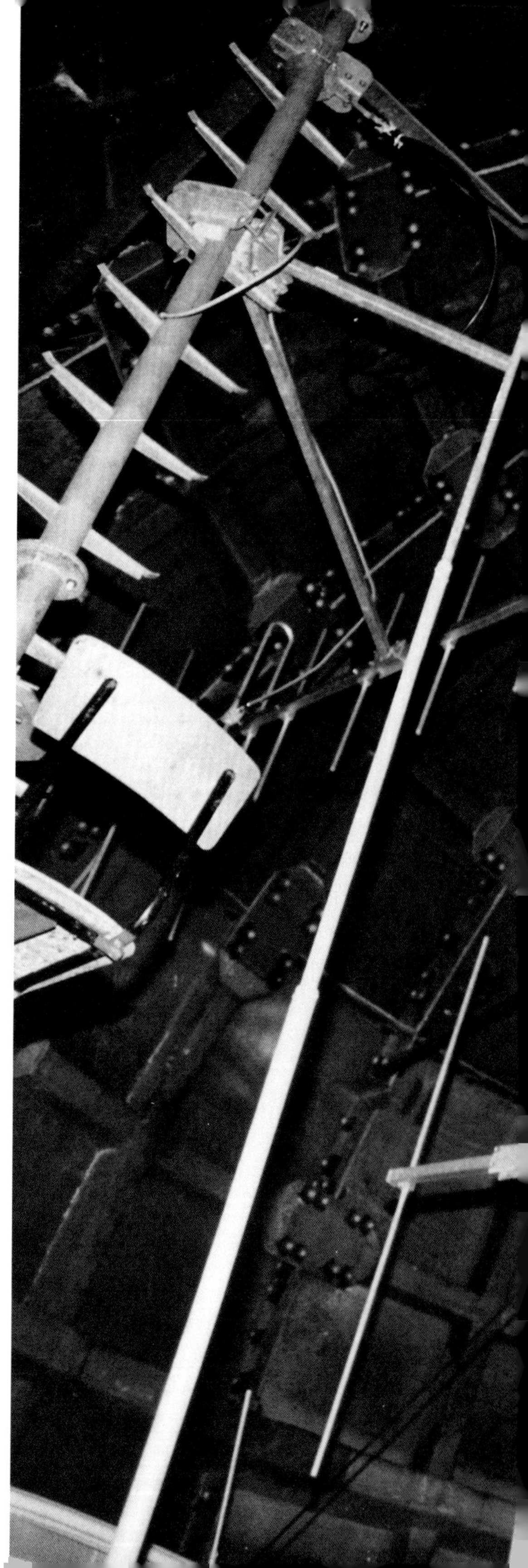

Das Gewirr von Richtantennen für den UKW-Bereich zum Abhören westlichen Funkverkehrs war mit modernster Verstärker- und Dekodierungstechnik gekoppelt. Telefongespräche wurden im UKW-Bereich unter den Kriterien Aufklärung (Neues), Überwachung (Vorhandenes) und Frühwarnsystem abgehört. Auf dem Brocken arbeiteten 21 Personen im 3-Schichten-Betrieb für den Staatssicherheitsdienst.

Die Antennenanlagen in der Stasimoschee dienten hauptsächlich zum Suchen (Aufklärung). In fünf weiteren Kuppeln der Stasi erfolgte die Regelüberwachung.

Der „Pfefferminzpalast“ wurde ca. 1957 mit lila-rosa Spaltklinkern verblendet - daher der eigentümliche Name. Die Klinker hielten nur etwa ein Jahr lang und sind dann aufgrund der extremen Wetterbedingungen abgefallen. Außer der Telekom nutzt heute die Bundeswehr den Turm. Sie hat dort ein Richtfunksystem und eine Flugfunkstelle eingerichtet.

An keiner Stelle der Welt, mit Ausnahme von Berlin, standen sich die Geheimdienste so dicht gegenüber wie im Harz. In den siebziger Jahren fand dort eine einzigartige geheimdienstliche Aufrüstung statt. Auf westlicher Seite wurden sechs der höchsten Gipfel von den Geheimdiensten der Nato-Staaten besetzt. Auf dem Stöberhai (700 m) lauschten der deutsche und der französische milltärische Abhördienst weit nach Südosteuropa hinein. Zur Wendezeit 1989 wurde gerade ein großer Erweitungsbau errichtet, der über den Rohbau nicht hinausgekommen ist. Seit August 1992 ist dieser größte Anlagenkomplex im Harz geräumt - für den Abriß fehlt derzeit das Geld.

Die französischen Abhöranlagen auf der Schalke (765 m), nördlich von Clausthal-Zellerfeld, wurden in den achtziger Jahren ausgebaut. Hier taten die Angehörigen des Escadron Electronique Sol Dienst, eine Einheit der Taktischen Luftstreitkräfte Frankreichs.
Die Franzosen zogen nach 31 Jahren Präsenz im Sommer 1993 aus ihrer Unterkunft in Goslar ab.

Auf dem Wurmberg (971 m) bei Braunlage arbeiteten seit 1972 amerikanische Abhörspezialisten. Der Turm gehörte zur National Security Agency (NSA), dem mächtigen amerikanischen Militärgeheimdienst. Die mit Hilfe modernster elektronischer Ausrüstung nicht nur aus den Ostblockstaaten aufgefangenen Informationen wurden über Glasfaserkabel zur amerikanischen Abwehrzentrale nach Augsburg zur Auswertung übermittelt. Zehn Amerikaner versahen auf dem Wurmberg Dienst. 1992 verließen sie den 81 Meter hohen Turm. Im Frühjahr 1993 wurden zunächst die meterhohen Antennenträger abgebaut, am 22. August 1994 erfolgte die Sprengung.

Seit 1950 saß eine dem 5. US-Fernmeldekommando unterstellte amerikanische Einheit auf dem Bocksberg (727 m) und betrieb dort eine Richtfunk-Relaisstation, die dem Fernmeldeverkehr der amerikanischen Streitkräfte diente. Im Sommer 1992 wurde die Anlage aufgegeben.

Auf dem 1042 m hohen Brocken hatten die sowjetischen Streitkräfte seit 1947 Soldaten stationiert; zuerst befand sich dort nur eine kleine Sicherungseinheit.

Erst nach dem Bau der Mauer 1961 wurde die sowjetische Luftüberwachungseinheit auf eine Stärke von etwa 100 Mann gebracht. Eine zweite Baracke wurde errichtet, und die Trümmer des in den Endkämpfen des 2. Weltkriegs zerstörten Brockenhotels wurden in den Bau einer Garage und eines Treibstofflagers einbezogen.

Die Einheit gehörte zur Fernmeldeaufklärungsbrigade 82, die direkt dem russischen Militärgeheimdienst GRU und damit dem Verteidigungsministerium in Moskau unterstellt war. Die Station war in das „Diensthabende System der Funk- und Funktechnischen Aufklärung" integriert. Gesammelt wurden ausschließlich Informationen aus dem westlichen Militärbündnis. Militärbewegungen in ganz Westeuropa wurden vom Brocken aus überwacht. Bis zur Wende 1989 gehörte die Einheit zu den Eckpfeilern des Frühwarnsystems des Warschauer Paktes. Die auf dem Brocken gesammelten Informationen wurden zur Auswertung nach Potsdam weitergeleitet.

Zwischen 1970 und 1974 wurden am Westhang zwei Kuppelbauten errichtet, die unter der Bezeichnung Radome liefen.

Die friedliche Öffnung des Gipfelareals durch die Demonstranten des 3. Dezember konfrontierte die Soldaten der sowjetischen Enklave innerhalb des von der Nationalen Volksarmee errichteten Mauerrings gänzlich unvorbereitet mit einer wachsenden Flut von Touristen aus Ost und West.

ЗГВ

Nach einer halbjährigen Ausbildung im Nachrichtendienst wurden die Wehrpflichtigen für die Dauer von 18 Monaten auf den Brocken versetzt und verließen diesen nicht, wenn man von einem 20-tägigen Heimaturlaub absieht.

Wir bitten
Geldopfer für
Familien Sowjetische
Soldaten machen

Das Beschenken der Soldaten durch die Touristen am Zaun wurde zum Ärgernis. Der Kommandant ließ im 2-m-Abstand einen weiteren Zaun errichten.

Extreme Bedingungen bereiteten der Brockenbesatzung immer wieder große Schwierigkeiten: Temperaturen bis minus 30 °C, Schneehöhen bis zu 3,8 m, Sturmspitzen bis zu 263 km/h und mehr als 300 Nebeltage konnten das Leben auf dem Brocken zur Hölle machen. Im unteren Gebäude befand sich der Leitstand der Russen. Hier überwachte der Führungsstab alle „laufenden Maßnahmen".

Windstärke 10 bei minus 15 Grad Celsius. Das erinnert an die Nacht vom 24. zum 25. November 1984. Damals verwüstete ein schwerer Orkan die Anlagen auf dem Brocken. Die beiden Radarkuppeln wurden weggerissen, ihre Trümmer über das Plateau verstreut, die Dächer der Unterkünfte und Garagen abgetragen.

Die russischen Streitkräfte verwendeten nahezu ausschließlich mobile Technik. Sie fuhren mit den antennenbestückten Fahrzeugen direkt in die Kuppeln. Als kümmerlicher Rest der Nachrichtentechnik war im Februar 1994 ein Wagen mit einer Peilantenne im Radom untergebracht. Im Gegensatz zu den russischen Streitkräften verwandte das MfS (Ministerium für Staatssicherheit) ausschließlich stationäre Technik. Die Aufgaben waren zu unterschiedlich: Die Russen arbeiteten hauptsächlich im Kurzwellenbereich - die meisten militärischen Aufgaben waren in diesem Bereich zu lösen. Telefonüberwachung wurde von den Russen nicht durchgeführt. Dazu waren sie mit der vorhandenen technischen Ausrüstung gar nicht in der Lage. Die Ausrüstung der Streitkräfte war schlecht, der Materialnachschub schwierig. So mußten die russischen Techniker häufig improvisieren.

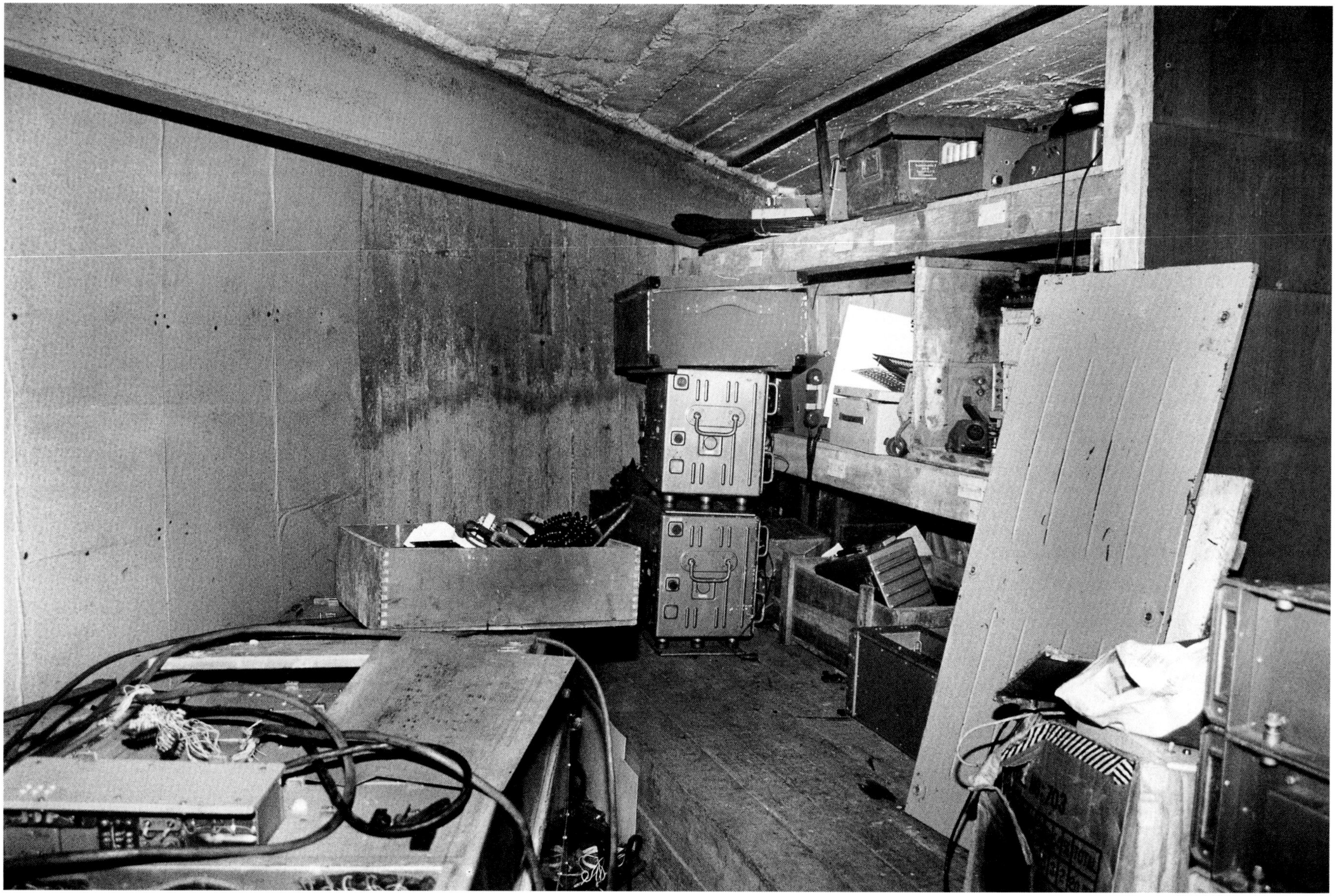

Funktechnische Ausrüstungsgegenstände im Keller des Radom - Februar 1994. Alles wurde in die Heimat mit zurückgenommen.

Räumung der Gebäude im März 1994.

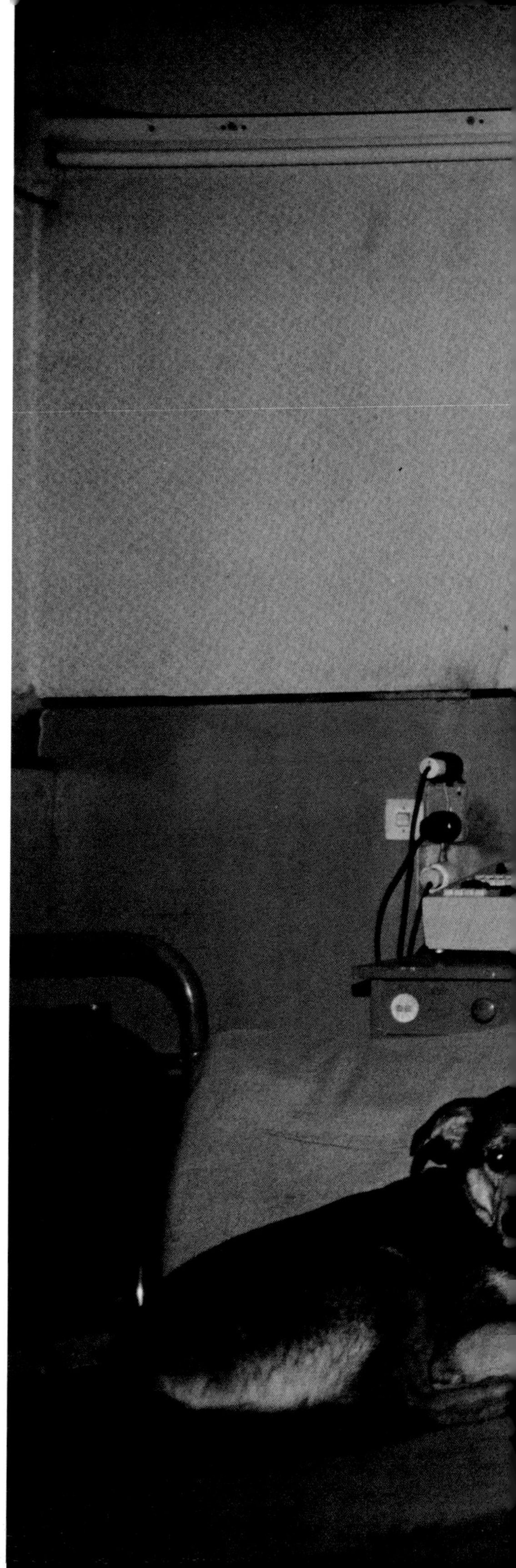

*Ausverkauf der Roten Armee.
Angehörige des Restkommandos auf dem Brocken.
Zwei kommen aus Rußland, Sergej in der Mitte
aus Usbekistan.*

Abtransport in die Basis Quarmbeck bei Quedlinburg - März 1994.

Der letzte Kommandant der Brockeneinheit Akunow (mit Brille) und zwei Offiziere aus dem Hauptquartier der Westgruppe der Truppen werden vom Landrat des Kreises Wernigerode verabschiedet.

Die beiden letzten GUS-Soldaten am 30. März 1994 vormittags. Der eine stammt aus Belosorsk, der andere aus Taschkent. Als die Deutschen am Nachmittag erschienen, waren sie verschwunden.

Die Repräsentanten des Landes Sachsen-Anhalt und des Landkreises Wernigerode am 30.3.94 nach der Wiederinbesitznahme des gesamten Brockenplateaus, von links nach rechts: Gerd Borchert, Leiter des Brockenmuseums; Uwe Heuck, Kreistagspräsident; Ministerpräsident Dr. Christoph Bergner; Landrat Dr. Michael Ermrich und Bürgermeister Lothar Thiele, Schierke.

Übertragung der Liegenschaft Brocken aus dem Besitz des Bundes an das Land Sachsen-Anhalt auf der Basis des alten trigonometrischen Punkts. Von hier aus schickte Carl Friedrich Gauß, der berühmte Göttinger Mathematiker, an schönen Septembertagen des Jahres 1821 Lichtsignale zum Großen Inselsberg über eine Distanz von 114 Kilometern. Den hierfür benutzten Lichtreflektor hatte Gauß selber entwickelt. Der dritte Punkt befand sich auf dem Hohen Hagen bei Dransfeld. Dieses in seinen Seitenlängen und eingeschlossenen Winkeln genau bestimmte Dreieck bildete das Bezugssystem für die Landvermessung in Norddeutschland und die Herstellung genauer Landkarten.

Nach dem Abzug der Soldaten bleiben Ruinen und erhebliche Altlasten zurück.

Symbol des Verfalls einer Weltmacht.
Die Wohnquartiere der Offiziersfamilien der Brockenbesatzung befanden sich in Quarmbeck bei Quedlinburg.

Der 124 Meter hohe Antennenträger (Baujahre 1973 - 1976) wurde vom VEB Stahlbau Leipzig errichtet. Alle unteren Etagen nutzte bis 1989 das MfS. 1993 paßte die Telekom den Turm den heutigen Sicherheitsanforderungen und Sendetechniken an.

Die technischen Anlagen des Jugendradiosenders DT 64 wurden von den Technikern auf dem Brocken aus „Restbeständen“ im Eigenbau hergestellt. DT 64 war nicht nur in der DDR beliebt, sondern auch im Westen. Ins Leben gerufen wurde der Sender während des Deutschland-Treffens des kommunistischen „Weltbundes der demokratischen Jugend“ 1964 in Berlin. 1992 sollte das kritische Jugendradio eingestellt werden. Nach heftigen Protesten wurde die Stillegung mehrmals aufgeschoben. Inzwischen ist die Existenz des Programms gesichert und wird heute vom mdr unter dem Namen „mdr sputnik“ über Satellit ausgestrahlt.

Funkstellenleiter Manfred Schmidt arbeitete von 1952 bis 1966 als Funkingenieur auf dem Brocken und war dann ein Vierteljahrhundert lang bis zum Frühjahr 1992 Leiter der Sendeanlagen der Deutschen Post.

Von hier aus wurden die vom Sender Brocken ausgestrahlten Fernsehprogramme DDR 1 und 2 sowie fünf UKW-Radioprogramme kontrolliert. Gearbeitet wurde in zwei Schichten mit jeweils 15 Mann Belegschaft. In Zukunft will die Telekom die Sendeanlagen weitgehend ohne Personal betreiben.

Um 1950 wurde der Brocken von den Kriegstrümmern geräumt und für Touristen erschlossen. In einem Restaurant fanden 350 Gäste Platz. Die künstlerische Gestaltung wurde dem Wernigeröder Maler und späteren Nationalpreisträger der DDR, Bert Heller, übertragen. Wie selbstverständlich fanden zu jener Zeit noch die Wappen der alten Harzstädte Goslar und Wernigerode auf einer Fläche Platz. Mit dem 13. August 1961 wurde der Brocken für Touristen geschlossen.

Ein letzter Rest des Kupfer-Koaxialkabels, das 1936 von Berlin nach Frankfurt/M verlegt wurde und eine Abzweigung zum Brocken erhielt. Über dieses Kabel sollten in einer ersten Ausbauphase die Signale zur Ausstrahlung eines reichsweiten deutschen Fernsehens vom Großen Feldberg im Taunus und vom Brocken übertragen werden. Der Krieg verhinderte die Realisierung dieses Projekts. Die Besatzungsmacht ließ das Kabel auf dem Gebiet der Sowjetischen Besatzungszone demontieren.

Der Touristensaal im Februar 1992.

1993 wurde der baulich desolate und seines Mobiliars beraubte Touristensaal von der Telekom saniert und vorübergehend mit Sendeanlagen gefüllt. Nach Fertigstellung des Neubaus der Telekom soll der Raum im Jahre 1997 wieder touristisch genutzt werden.

Der neugestaltete Sendeturm versorgt weite Teile Sachsen-Anhalts und Niedersachsens mit den Fernsehprogrammen von ARD, ZDF und mdr sowie mit den Hörfunkprogrammen mdr-life, mdr 1 - RSA, mdr-Kultur, Deutschland-Radio (Berlin), radio SAW und Radio Brocken. Rechts unten entsteht das neue Sendegebäude.

Der Mast auf dem alten Sendeturm wurde 1993 abgebaut. Vielleicht wird das vor vier Jahrzehnten geplante Panoramakaffee nun doch noch verwirklicht.

Meßapparate zur Untersuchung der Schadstoff-belastung der Wolken und der Luft.

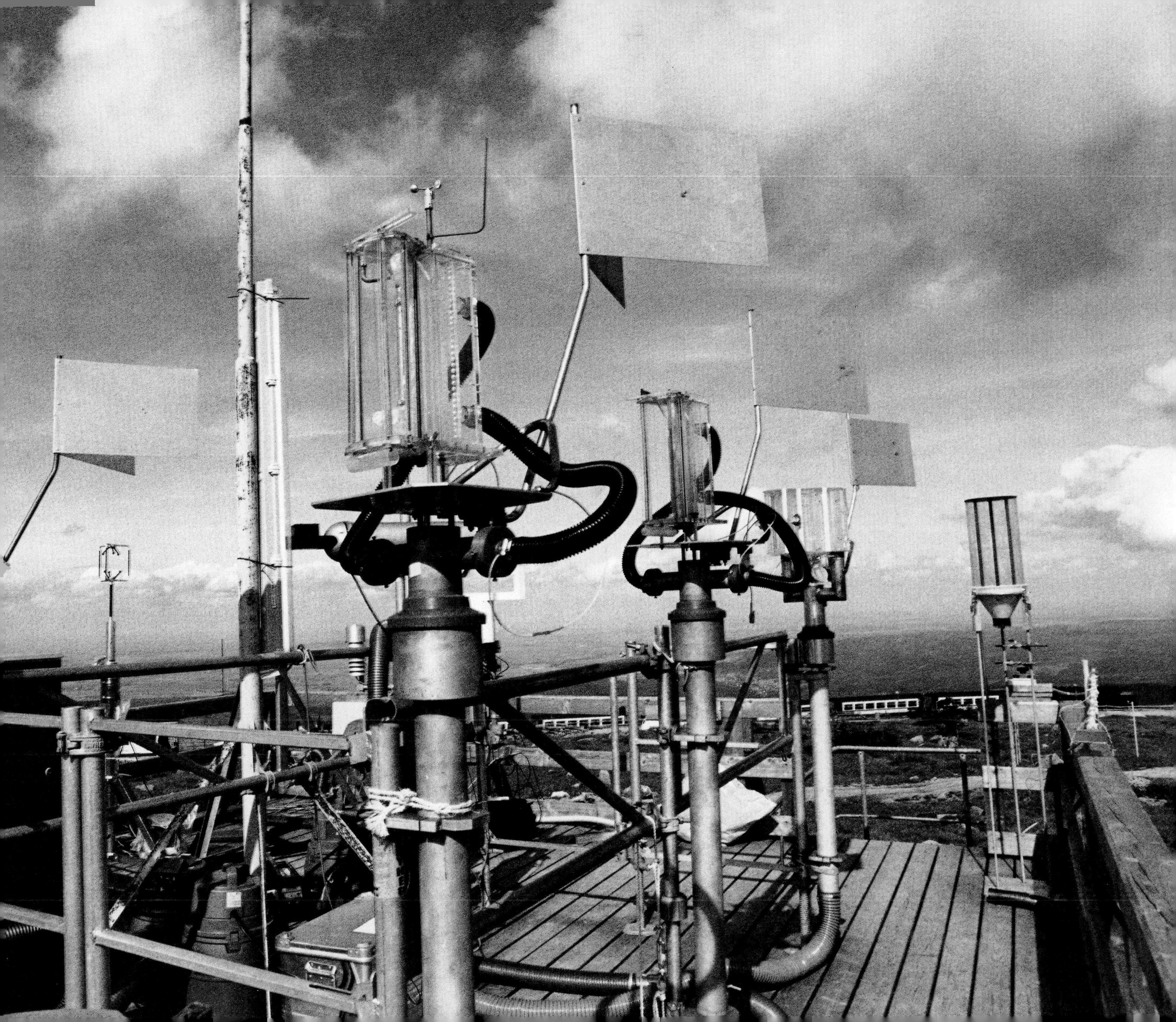

Meßstation des Instituts für Atmosphärische Umweltforschung der Fraunhofer-Gesellschaft. Hier werden die Werte von NO_x, SO_2, H_2O_2 und anderes mehr rund um die Uhr registriert. Früher war in dem Turmstumpf die Empfangstechnik des MfS für den „Kundschafter"-Turm untergebracht.

Im Melderaum der Wetterwarte. Ingo Nitschke am Fernschreiber bei der stündlichen Übermittlung der aktuellen Daten, die von 0 bis 24 Uhr erhoben werden. Die erste meteorologische Station wurde 1895 eingerichtet, zuvor beobachteten die Brockenwirte das Wetter und machten Aufzeichnungen.

Große Erwartungen kondensiert in einer kleinen Flasche. Wirtschaftsminister Dr. Horst Rehberger nach dem ersten Spatenstich für die Erneuerung der Brockenbahn (17. Juni 1991).

1898 wurde die Teilstrecke der Nordhausen-Wernigeroder Eisenbahn zum Brocken-Plateau gebaut. Die Arbeiten gestalteten sich sehr schwierig, denn es mußten Granitfelsen durch Sprengungen beseitigt und das Brockenmoor überwunden werden. Am 4. Oktober 1898 erreichte der erste Zug der Schmalspurbahn den Bahnhof Brocken, dessen Bau drei Monate vorher begonnen worden war. Am 27.3.1899 wurden die Streckenteile Dreiannen Hohne - Benneckenstein und Schierke - Brocken eingeweiht.

In den Jahren 1954 bis 1956 wurden für die Harzquer- und Brockenbahn 17 Loks neu beschafft, die in Wernigerode gewartet und repariert werden. Sie bilden heute das Rückgrat der Harzbahnen.

Von 1988 an wurden auf den Harzer Schmalspurstrecken Dieselloks eingesetzt. Noch vor der Wende plante die Deutsche Reichsbahn die Anschaffung von 30 auf Schmalspur umgerüstete Dieselloks. Die Wiedervereinigung führte zur Reduzierung auf zehn Loks. Eine davon entgleiste am 18. Juni 1991 unweit der Teufelskanzel.

Erstbesteiger
vom 3.12.89
grüßen die
Erstbefahrer!
DR

Ankunft des ersten Zuges nach der Wiederherstellung der Brockenstrecke am 15. September 1991.

Für die Zukunft
der Harzer
Schmalspurbahnen
15. September 1991
Wiederaufnahme des
Zugverkehrs
zum Brocken

Seit der Wiedereröffnung der Brockenbahn reißt der Strom der Touristen, die diese Attraktion genießen, nicht ab. Ruhe herrscht auf dem Brocken nur bis zur Ankunft des ersten Zuges.

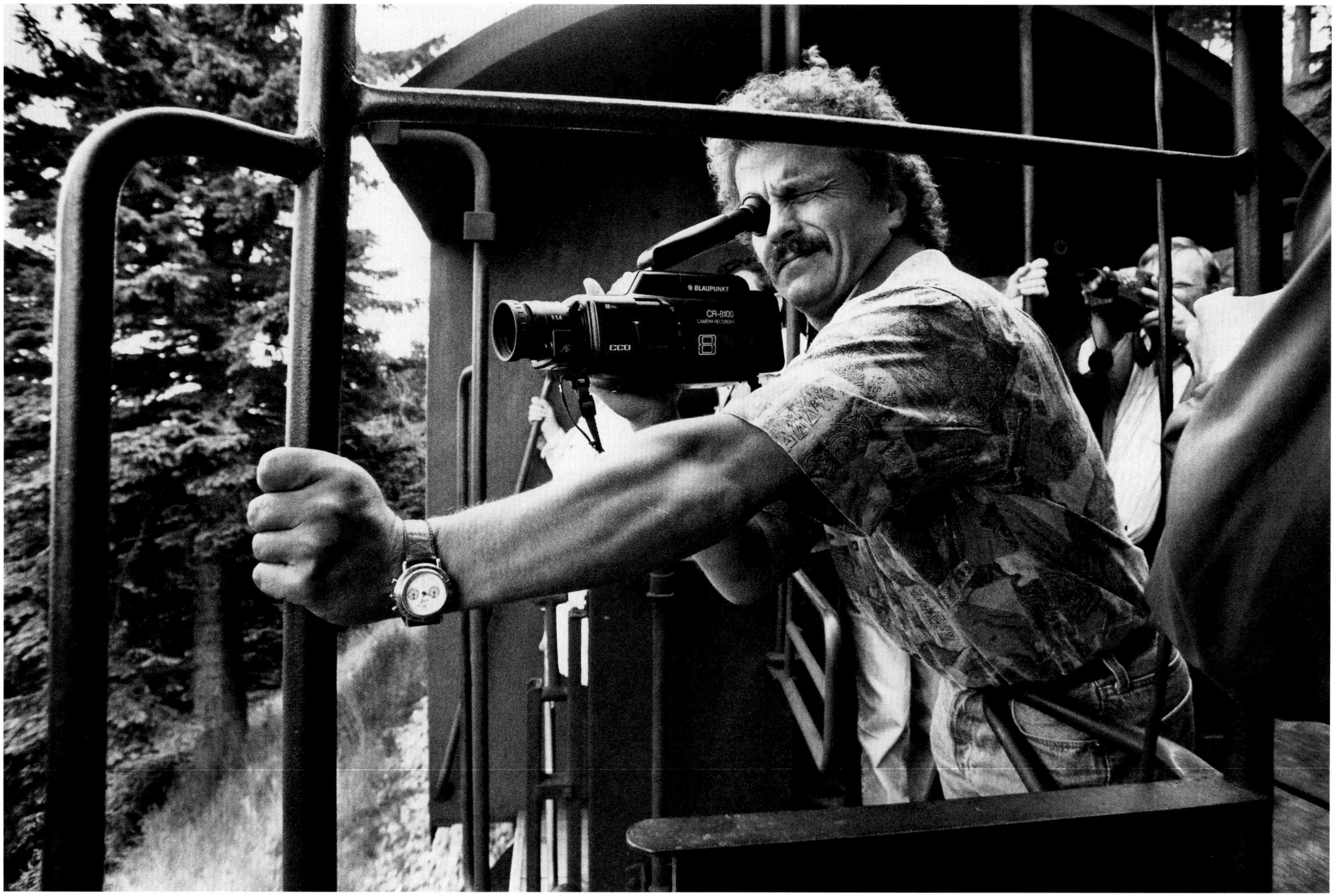
BLAUPUNKT
CR-8100
CCD

Anfang des Jahrhunderts entwickelte sich die Nordhausen-Wernigeroder-Eisenbahn (NWE), die 1896 gegründet wurde, schnell zum wichtigsten Verkehrsmittel im Harz. Schon in den Anfangsjahren erwies sich die auf die Zeit vom 30.4. bis 15.10 eines jeden Jahres beschränkte Brockenstrecke als wichtigste Einnahmequelle der NWE. So wurden 1926 an Spitzentagen bis zu 5000 Personen auf den Brocken befördert.

99 7237-3

Ansturm auf Fahrkarten.

Von hier aus begann Goethe im Dezember 1777 gemeinsam mit dem Förster Degen vom Torfhaus seinen Aufstieg zum Brocken.

„Zufrieden jauchzet Groß und Klein: Hier bin ich Mensch, hier darf ich´s sein“. (Goethe, Faust I)

Große Teile der innerdeutschen Grenze blieben der Natur überlassen. Diese Bereiche im 5 km breiten Sperrgürtel boten einen hervorragenden Ansatz für die Schaffung eines Nationalparks Harz. Bereits unter der Regierung Modrow wurde am 16. März 1990 ein Nationalpark-Programm beschlossen. Es folgte die Regierung de Maizière mit einer Nationalparkverordnung Hochharz, die am 1. Oktober 1990 in Kraft trat. Drei Jahre später, am 1. Januar 1994, trat die Nationalparkverordnung auf niedersächsischer Seite in Kraft.
Die Schaffung eines Nationalparks Harz hatte in beiden Bundesländern zu schwierigen und kontroversen Diskussionen geführt. Die verschiedenen Interessenvertretungen - Naturschutzverbände, Forstverwaltungen, Kommunalvertretungen, Fremdenverkehrs- und Wintersportvereine sowie Raum- und Verkehrsplaner - hatten ganz unterschiedliche Ansichten über Sinn, Funktion und Ausdehnung eines Nationalparks im Harz.

Goetheweg im August 1991: Bewußtseinsbildung für den Natur- und Umweltschutz sowie die Lenkung der Touristenströme im Nationalpark werden wesentliche Aufgaben der Nationalparkverwaltung sein. Die starke Frequentierung bietet Chancen für eine umweltgerechte Erziehung, andererseits aber auch Gefahren für die sensible Naturlandschaft.

Der Besuch des Brockens ist seit mehr als zweihundert Jahren für viele Menschen ein besonderes Erlebnis. Daß berühmte Leute auf den Brocken gewandert sind und viele literarische Zeugnisse hiervon hinterlassen haben, ist bekannt, doch war der Brocken schon zu Beginn des zwanzigsten Jahrhunderts Ziel des Massentourismus. Jährlich kam eine viertel Million Besucher, und bereits 1906 beförderte das Brocken-Postamt mehr als 300 000 Postkarten und etwa 2700 Briefe in alle Welt.

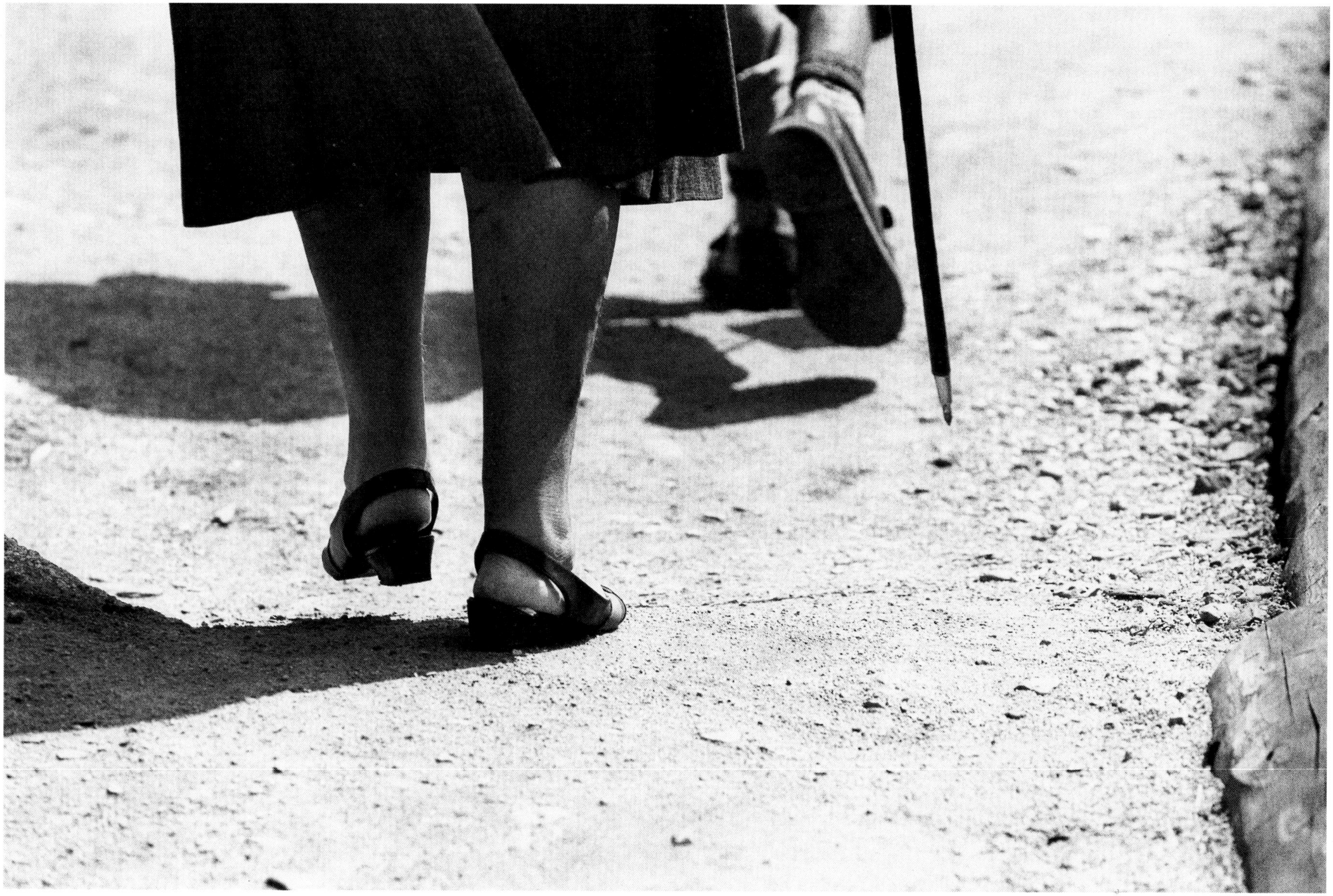

Der Rundwanderweg anstelle der abgerissenen Brockenmauer wurde 1994 vollendet.

Der Goetheweg im Juli 1992.

Wo früher abgehorcht wurde, gleitet heute der Blick über die endlosen Wälder des Harzes. Von Monat zu Monat verändert sich das Gesicht der Brockenkuppe. Die meisten der militärischen Objekte sind inzwischen verschwunden. Rekultivierung und Altlastensanierung sind dringende Aufgaben.

Brockenwetter.

Blick vom Telekom-Turm.

Der „Feldherrenhügel" im ehemaligen Sicherheitsbereich: Für prominente DDR-Militärs wurden Tische und Stühle aufgebaut und die „Lage" erklärt.

18.7.1992

13.7.1994

„Der Berg hat auch so etwas Deutschruhiges, Verständiges, Tolerantes; eben weil er die Dinge so weit und klar überschauen kann. Und wenn solch ein Berg seine Riesenaugen öffnet, mag er wohl noch etwas mehr sehen als wir Zwerge, die wir mit unsern blöden Äuglein auf ihm herumklettern."
(Heinrich Heine / Die Harzreise / 1824)

„Die Hexen zu dem Brocken ziehn.
Die Stoppel ist gelb, die Saat ist grün.
Dort sammelt sich der große Hauf,
Herr Urian sitzt obenauf."

Goethe´s Beschreibung der Walpurgisnacht auf dem Brocken im 1. Teil des Faust war und ist die nachhaltigste Werbung für diesen Berg.

Seit der Grenzöffnung ist Hans Steinhoff Brockenwirt.

CB-Funker.

Goethe-Medaillon am Wolkenhäuschen in Erinnerung an seine Winterbesteigung des Brockens am 10. Dezember 1777.

*Im Juni blüht die Brockenanemone.
Sie wächst nur hier.*

Führung im Brockengarten, einem botanischen Gebirgsgarten, der 1890 auf einem vom Grafen Stolberg-Wernigerode zur Verfügung gestellten Gelände angelegt wurde.

Ebereschen an der Baumgrenze.

285 Millionen Jahre sind vergangen, seit die etwa 700 °C heiße Gesteinsschmelze zum Brockengranit erstarrte. Erst mußte der Harz auf seiner Nordseite kilometerweit herausgepreßt und abgetragen werden, bis der Granit freigelegt wurde.

Späteiszeitlicher Blockstrom aus der Zeit, als der Brocken vergletschert war.

Wollgras.

Blick über das Sonnenberger Moor zum Brocken.

Teufelskanzel und Hexenaltar.

Blick nach Nordosten mit dem Braunkohlekraftwerk Buschhaus im Hintergrund.

Blick über Wernigerode hinweg nach Halberstadt.

Spätherbststimmung.

Hansjörg Hörseljau

Geb. 1960, lebte von 1972 bis 1980 in St. Andreasberg im Harz. Danach Designstudium an der Gesamthochschule-Universität Essen, 1982 bis 1988 Studium bei Prof. Angela Neuke. Seit 1988 lebt er in Clausthal-Zellerfeld und ist als freier Fotograf unter anderem für Der Spiegel, Zeitmagazin und Stern tätig. Neben Auftragsarbeiten arbeitet er regelmäßig an eigenen Projekten, meist Ausstellungen zu selbstgewählten Themen:
Der Harz - Eine deutsche Landschaft;
Männerwelten;
Schweine;
Der Brocken - Vom Sperrgebiet zum Nationalpark, Sonderausstellung innerhalb der Landesausstellung „Natur im Städtebau", Duderstadt 1994.
Im Herbst 1993 erschien sein erstes Buch im Eigenverlag: Clausthal-Zellerfeld - Vom Bergbau zur Universität, Farbbildband.

Dank an

Ingrid Hintze - sie ermöglichte die Verständigung mit den russischen Soldaten;
Wolfgang und Helga Münnich für ihre Informationen und Tips;
Prof. Dr. Georg Müller für die Hilfe bei der langwierigen Erstellung der Bildunterschriften; Claus-Dieter Schmidt;
Dieter Kortenjan für seine Kritik;
Gisela und Henning Noske für ihre Inspiration;
Claudia Heinel für die Scans und ihre unkomplizierte Hilfe beim Layout;
Martin Bierhoff für seine Ideen bei der Lösung der elektronischen Probleme; meine Eltern;
die vielen, die mich unterstützt und Mut für dieses Projekt gemacht haben.

Besonders danke ich meiner Frau Cordula, die in die große Auswahl an Fotos eine sinnvolle Gliederung brachte, vor allem aber für die Geduld, die sie mit mir haben mußte.

Hansjörg Hörseljau mit seiner EOS 100 - die leise Kamera ermöglichte unauffälliges Arbeiten im Hintergrund.

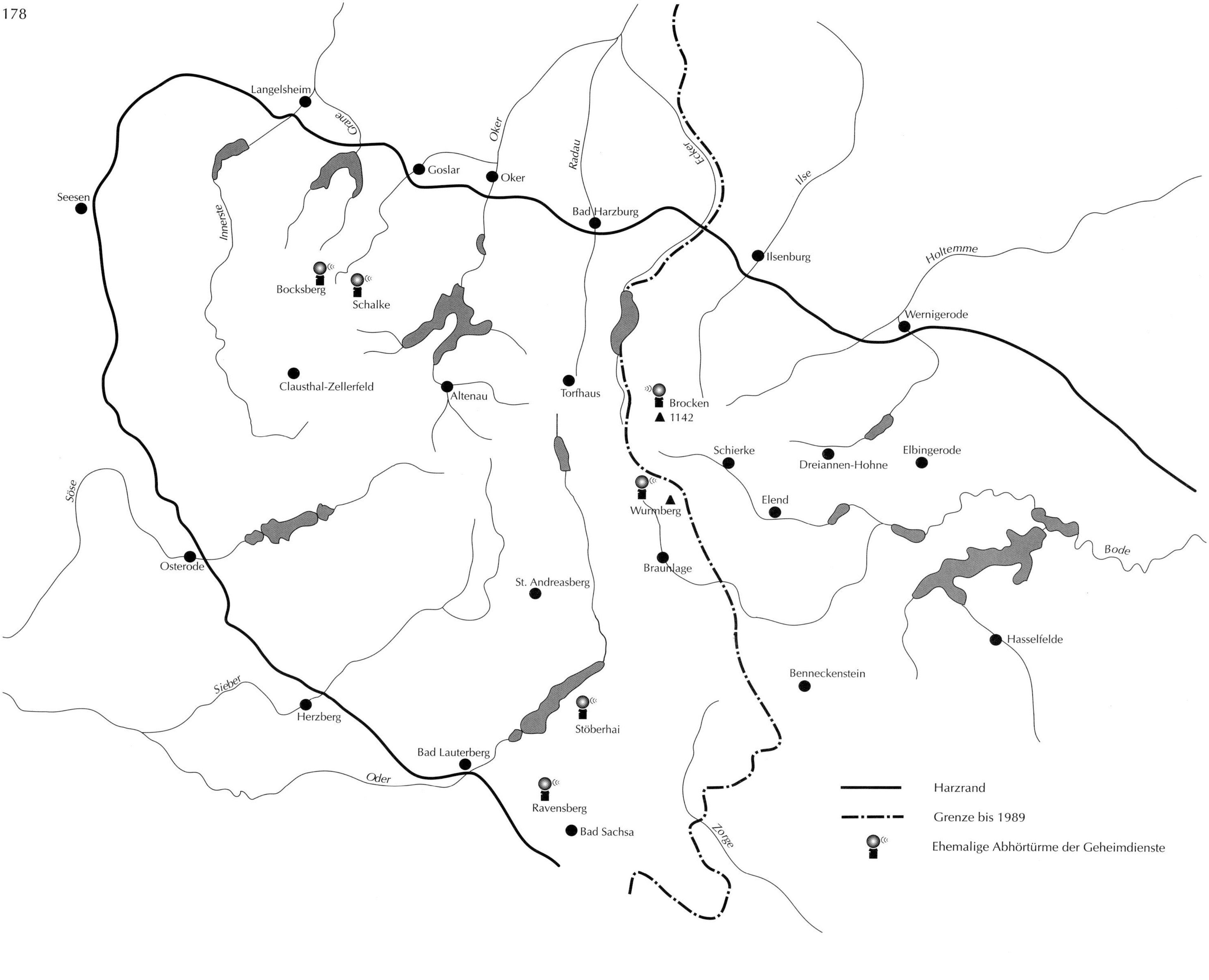

Langelsheim
Granе
Oker
Radau
Ecker
Ilse
Goslar
Oker
Seesen
Innerste
Bad Harzburg
Ilsenburg
Holtemme
Bocksberg
Schalke
Wernigerode
Clausthal-Zellerfeld
Altenau
Torfhaus
Brocken
1142
Schierke
Dreiannen-Hohne
Elbingerode
Söse
Wurmberg
Elend
Bode
Osterode
Braunlage
St. Andreasberg
Hasselfelde
Benneckenstein
Sieber
Herzberg
Stöberhai
Bad Lauterberg
Oder
Ravensberg
Bad Sachsa
Zorge
Harzrand
Grenze bis 1989
Ehemalige Abhörtürme der Geheimdienste

Inhalt

Titelfoto:
Demonstration am 3. Dezember 1989
Seite 6:
Grenztruppen der DDR im Juli 1987
am Eckersprung
Rücktitel:
Brockenmauer im Mai 1991

Die Deutsche Bibliothek - CIP-Einheitsaufnahme
Hörseljau, Hansjörg:
Der Brocken, der belagerte Berg / Hansjörg Hörseljau. - 1. Aufl. - Clausthal-Zellerfeld : Hörseljau, 1994
ISBN 3-9803471-1-7
NE: HST

Gestaltung/Layout:
Cordula Müller-Hörseljau,
Hansjörg Hörseljau
Reproduktionen:
HMS Drucktechnik Goslar
Druck:
Druckerei Bittner, Goslar

Verlag:
Hansjörg Hörseljau
D-38678 Clausthal-Zellerfeld

1. Auflage 1994
ISBN 3-9803471-1-7